CLARI,

OU

LA PROMESSE DE MARIAGE,

Ballet-Pantomime en trois actes,

Représenté, pour la première fois, à Paris, sur le Théâtre de l'Académie Royale de Musique, le Lundi 19 Juin 1820,

PAR L.-J. MILON,

Maître de Ballets de l'Académie Royale de Musique;

Musique de Mr. KREUTZER,

Chef d'Orchestre du même Théâtre.

PRIX : 75 c.

A PARIS,

Se vend au Magasin de la rue Neuve St.-Marc, No. 10, au coin de la place des Italiens.

1820.

PERSONNAGES.	ACTEURS.
SIMEONE, riche Fermier.....	Mr. Milon.
SIMONETTA, sa Femme.....	Mlle. Saulnier.
CLARI, leur Fille, enlevée par le Duc Mevilla, et qu'il fait passer, dans son château, pour une de ses parentes..............	Mlle. Bigottini.
Le Duc MEVILLA..........	Mr. Albert.
GERMANO, Valet et Confident du Duc..................	Mr. Ferdinand.
BETTI, Soubrette mise auprès de Clari par le Duc.........	Mme. Courtin.
MATTURINO, Père de Giuglietta et Ami de Simeone...	Mr. Godefroi.
GIUGLIETTA promise à Paolo.	Mlle. Marinette.
Le Podestat, Père de Paolo....	Mr. Seuriot.
PAOLO, Prétendu de Giuglietta.	Mr. Capelle.

COMÉDIENS AMBULANS.

CHOREGRAPHICO, Chef de la Troupe................	Mr. Mérante.
Sa Femme, Actrice-Danseuse...	Mlle. Delille.
Une autre Actrice et Danseuse..	Mlle. Fanny Bias.
Un Acteur et Danseur.........	Mr. Coulon.
Uu Premier Danseur..........	Mr. Paul.
Premières Danseuses..........	Mlle. Fanny Bias. Mlle. Aimée. Mlle. Noblet.
Une Actrice jouant les amoureuses.	Mlle. Broccard 1re.

MUSICIENS DE LA TROUPE.

Chef d'Orchestre . . . . Mr. Alerme.
Premier Violon. . . . . Mr. Vincent.
Second Violon . . . . Mr. Guillet.
Alto . . . . Mr. Lenfant fils.
Basso. . . . . Mr. Galais.
Contre-Basse. . . . . Mr. Olivier.
Flûte. . . . . Mr. Lefebvre.
Clarinette . . . . Mr. Gondoin.
Hautbois . . . . Mr. Bassin.
Basson . . . . Mr. Isembert.
Cor. . . . . M. Banse.

DANSE DU PREMIER ACTE.

Maître de Cérémonies du Duc. . . Mr. Romain.

Gens de la Maison du Duc.

Pas de trois, Mr. MONTJOIE, Mmes. ELIE et LEGROS.

Pas de deux, Mr. FERDINAND, Mme. COURTIN.

Pas de trois, Mr. ALBERT, Mmes. BIGOTTINI et ANATOLE.

Tarentelle, Mr. FERDINAND, Mme. COURTIN.

CORPS DE BALLET.

MM. Petit, Gosselin, Pupet, Elie, Rivière, Lebreton;
Mmes. Naderkor, Aline, Devarrène, Éléonore, Perceval, Roland.

DANSE DU SECOND ACTE.

RÉPÉTITION DES COMÉDIENS AMBULANS.

Pas de deux, Mr. COULON, Mlle. Aimée ANATOLE.

Pas de trois, Mr. PAUL, Mlles. Fanny BIAS et NOBLET.

Finale, MM. COULON, MÉRANTE, Mlles. DELILLE et AIMÉE.

CORPS DE BALLET.

MM. Grono, Richard 1er, Martin, Richard 2e, Crombé, Desforges, Fauchet, Pillain;

Mmes. Angeline, Bodesson, Perèsc, Caniel, Bertrand, Mangin, Paillet, Arteau.

DANSE DU TROISIÈME ACTE.

VILLAGEOIS.

Pas de deux, Mr. CAPELLE, Mlle. Marinette BOISSIER.

Pas de quatre, Mlles. MARÉLIER, BERTIN, AUBRY, CŒLINA.

Pas seul, Mlle. HULLIN.

Tarentelle, Mr. FERDINAND, Mme. COURTIN.

Finale générale.

CORPS DE BALLET.

VILLAGEOIS.

MM. Petit, Pupet, Péqueux, Breton, Beautin, Vincent, Lenfant, Bassin;

Mmes. Naderkor, Devarrène, Broccard, Perceval, Roland, Lemonier, Grenier, Éléonore.

MM. Grono, Richard 1er, Martin, Richard 2e, Crombé, Desforges, Fauchet, Pillain.

Mmes. Angeline, Bodesson, Perèse, Caniel, Bertrand, Mangin, Paillet, Arteau.

NOTABLES.

MM. Romain, Chatillon, Elie, Lenfant.

La Scène se passe en Italie.

CLARI,

OU

LA PROMESSE DE MARIAGE,

BALLET-PANTOMIME.

ACTE PREMIER.

Le Théâtre représente un magnifique Appartement : on voit sur la gauche une élégante toilette ; à droite est une glace en écran ; à côté un meuble à tiroirs. La porte principale de cet Appartement est au fond et au milieu ; une autre porte, à gauche, donne dans la chambre à coucher de Clari ; celle qui est à droite conduit aux appartemens du Duc.

SCÈNE PREMIÈRE.

Des domestiques apportent des cartons de chez la marchande de modes. Betti les reçoit, et elle va voir si sa maîtresse est éveillée. Clari dort encore ; elle pousse la porte légèrement, et revient sur la pointe des pieds, afin de ne point la réveiller. En attendant, Betti satisfait sa curiosité ; elle ouvre les cartons de la marchande de modes, et reste en extase à la vue des belles choses qu'ils renferment. Elle essaye un chapeau, se regarde dans la glace, oh! qu'elle se trouve jolie : pour le moins autant que sa maîtresse; c'est avec regret qu'elle retire ce chapeau. Elle voit un beau fichu garni en dentelle; elle s'empresse d'ôter le sien pour essayer celui-là; elle se mire dans la glace avec complaisance, se donne des graces, des manières, etc.

SCÈNE II.

Tout occupée d'elle-même, elle n'a point entendu entrer Germano, qui est témoin de sa coquetterie, et qui ne la trouve encore que plus séduisante. Lorsqu'elle ôte le fichu, il s'approche avec curiosité; elle l'aperçoit dans la glace, se met fort en colère contre lui, et blâme sévèrement son indiscrétion. Malgré toute sa colère, Germano lui certifie qu'il l'aime de tout son cœur; Betti en lève les épaules; il veut l'approcher, elle le rebute; il récidive, elle s'impatiente, et se dégage de ses bras.

SCÈNE III.

Le Duc arrive; il porte ses regards sur les modes qu'il vient de faire apporter, et se dirige vers l'appartement de Clari. Betti le prévient qu'elle dort encore. Il entr'ouvre la porte, la considère avec admiration ; et ne peut s'empêcher d'exprimer tout l'amour qu'elle lui inspire. Betti lui assure que Clari le paie bien de retour ; mais que quelquefois elle paraît absorbée de tristesse ; et qu'elle prononce toujours le mot d'*hyménée*, en implorant le ciel. Cela donne de l'inquiétude à Mévilla ; son rang ne lui permet point d'épouser Clari, mais, avec le tems et des soins, il espère vaincre les scrupules de sa maîtresse. Il fait avancer Germano, promet de l'unir à Betti, et de les doter tous deux, à condition qu'ils s'appliqueront, de concert, à distraire Clari lorsqu'ils la verront livrée à la tristesse.

SCÈNE IV.

On vient annoncer un tableau que le peintre envoie. Mévilla a fait faire son portrait pour Clari : c'est un grand tableau où il est représenté en pied. Betti et Germano admirent la parfaite ressemblance de cette peinture. Le Duc fait placer ce tableau au-dessus de la toilette de Clari ; il recommande à Betti de ne point prévenir sa maîtresse du nouvel objet que l'on vient d'apporter ; Betti exprime : (*afin que sa surprise soit plus grande en l'apercevant d'elle-même, n'est-ce pas? Justement*, *répond le Duc ;*) il se retire en faisant signe à Germano de le suivre. Celui-ci est au comble de la joie, et avant de sortir, il tâche de baiser la main de Betti.

SCÈNE V.

Clari paraît, elle a encore l'air fatigué du bal de la veille. Elle demande à Betti, avec un air de bonté, d'où viennent ces cartons. Lorsqu'elle apprend que c'est le Duc qui les a fait apporter, elle paraît étonnée qu'il se soit retiré si promptement. Betti s'empresse de lui dire qu'il a promis de revenir bientôt. Cet espoir calme Clari, et elle s'occupe avec plaisir des nouveaux cadeaux de son amant.

Tous lui paraissent charmans. Betti en fait les plus grands éloges ; mais tout en les considérant, Clari devient rêveuse ; la présence de Betti semble la gêner ; elle trouve un prétexte pour l'éloigner, afin de rester seule. Lorsqu'elle est partie, Clari porte ses regards sur ces riches parures, et soupire ; elle sent que rien ne peut appaiser le trouble de son ame. Elle tire d'un tiroir un vêtement de villageoise, qu'elle considère avec attendrissement. Elle semble regretter la tranquillité dont elle jouissait quand elle portait ce modeste vêtement. Ses torts envers ses parens, la gravité de sa faute, viennent tourmenter sa pensée ; elle exprime : *je puis braver les coups du sort, mais non pas les regards d'un père ; pour m'exposer à sa colère, non, mon cœur n'est pas assez fort.*

SCÈNE VI.

Betti revient pour préparer la toilette ; elle aperçoit avec étonnement une jupe de toile sur un fauteuil ; elle s'empresse de la retirer en la jetant avec dédain. Clari, formalisée de cette hardiesse, lui ordonne de la relever, et lui apprend que ce vêtement lui appartient, mais en même-tems des larmes la suffoquent. Betti, désolée d'avoir affligé sa maîtresse, lui fait des excuses. Clari a besoin de confier ses peines, elle connaît les bonnes qualités de Betti, et ne balance point pour lui faire part de la cruelle situation de son cœur. Betti apprend que Clari a été séduite, et enlevée de chez ses parens par le Duc, qui lui a fait une promesse de mariage, laquelle ne se réalisera peut-être jamais.

Betti, pour arrêter les larmes de sa maîtresse, et lui rendre l'espérance, lui fait remarquer le portrait du Duc, qu'elle n'a point encore aperçu ; à peine Clari peut en croire ses yeux ; elle est frappée de la ressemblance avec les traits de son amant. Ce cadeau est d'un heureux présage pour l'hymen auquel elle aspire; Betti confirme que ce moment ne peut être éloigné Un doux espoir vient calmer le triste cœur de Clari ; elle ne voit plus qu'un heureux avenir, et, dans l'excès de sa joie, elle embrasse Betti en la pressant entre ses bras. On entend du bruit, c'est le Duc. Clari s'empresse de faire porter, par Betti, dans son appartement, son habillement de villageoise.

SCÈNE VII.

Le Duc paraît; Clari se précipite entre ses bras, et lui peint le ravissement dont son ame a été frappée à la vue de ce portrait chéri! Puis fixant le Duc avec des regards pleins de sensibilité, qu'elle porte ensuite vers le ciel, elle exprime : *descends du ciel doux hyménée !*

Mévilla tâche de cacher l'embarras que cette invocation lui cause. D'un air attendri il baise la main de Clari, la presse contre son sein ; puis, comme par réflexion, il porte ses regards sur les objets de modes qu'il a fait apporter, et lui demande s'ils sont de son goût ; Clari les trouve charmans ; mais l'objet le plus cher pour elle, est le portrait vers lequel elle se tourne en répétant son invocation à l'hyménée ; et regardant le Duc avec expression, elle semble interroger son cœur. Le Duc la rassure à cet égard, et lui adresse ce tendre reproche : *ne doutez jamais de ma flamme, de ce doute cruel mon amour est blessé;* elle répond que *ce doute est banni pour jamais de son ame.* Le Duc lui baise tendrement la main, et l'invite à s'occuper de sa toilette ; il veut qu'elle se pare aujourd'hui de ses plus riches ajustumens. Clari rentre dans son appartement, afin de satisfaire au désir de son amant.

SCÈNE VIII.

Germano vient annoncer au Duc une troupe d'acteurs qui se trouvent dans le canton ; il pense que leurs talens pourraient être agréables à Monseigneur, et distraire, peut-être, sa jeune maîtresse. Le Duc approuve l'idée de Germano ; il lui donne la permission de les faire entrer.

Germano introduit le chef de la troupe, qui est suivi de quelques acteurs ; le Duc leur demande quelles sont les pièces qu'ils peuvent représenter ; le chef lui présente le titre de plusieurs ; mais il en indique une qu'il annonce comme le meilleur ouvrage de son répertoire. Le Duc ayant accepté cette pièce, charge Germano de bien traiter tous ces messieurs, et de faire disposer le spectacle pour le soir même ; cependant il lui vient une nouvelle idée ; il veut de la musique au moment où la société entrera dans le salon pour souhaiter la fête à Clari ; il se retire dans son appartement. Germano paraît gonflé d'amour propre, de se voir établi l'intendant du spectacle. Mme. Choregaphica approche de lui pour entrer en conversation ; mais Germano, d'un air important, lui fait signe de la main de s'éloigner ; il ordonne à Choregraphico d'amener des musiciens d'harmonie, pour l'aubade que Monseigneur veut donner; il regarde à sa montre, et indique l'heure à laquelle l'orchestre doit être rendu au château.

Choregraphico l'assure que ses ordres seront exécutés. Les acteurs se retirent en lui faisant de grandes salutations, qu'il reçoit avec dignité.

SCÈNE IX.

Lorsqu'ils sont partis, il s'étonne lui-même de l'air noble et aisé avec lequel il vient de donner ses ordres. Il s'exerce aux manières de son maître, et afin d'y mieux réussir, il se revêt du manteau et du chapeau à plumet que le Duc a jetés sur le canapé en arrivant ; il s'étudie à prendre la contenance du portrait du Duc.

SCÈNE X.

Une jeune actrice qui croyait trouver encore ses camarades . se présente ; elle juge au maintien de Germano que c'est M. le Duc : elle le salue comme tel. Germano, loin de la détromper, affecte de la grandeur, et avec bonté il l'engage à s'approcher; elle obéit d'un air modeste. Il loue sa figure et l'élégance de sa taille. La jeune personne ne répond que par des révérences, et les yeux baissés, qu'elle lève cependant assez à propos pour que Germano les trouve très-expressifs. Il apprend qu'elle est danseuse, et la prie d'exécuter quelque chose de son art. Sans se faire prier, elle danse différens caractères; Germano, charmé de sa danse, lui en fait compliment; elle le prévient qu'elle sait aussi par des gestes, exprimer les passions, et elle exprime aussitôt, par son jeu, une partie du duo de Colombine et de Pierrot, du Tableau parlant : *Je brûlerai d'une ardeur éternelle, et jamais je ne changerai : jusqu'au tombeau je te serai fidelle* etc. Elle s'identifie tellement avec l'esprit de ce rôle, qu'elle prend le prétendu Duc pour son Pierrot, et se laisse aller amoureusement entre ses bras. Germano vivement ému, et déjà enflammé d'amour, s'identifie, de son côté, au personnage de Pierrot; à l'instant ils sont brusquement séparés : c'est Betti qui se présente d'un air impérieux et menaçant. La jeune actrice se plaint à M. le Duc de la brutalité de cette soubrette. Betti, outrée de cette impudence, découvre la veste de livrée de Germano, et fait voir à l'actrice qu'il n'est que le valet du Duc. A cet aspect, l'amoureuse confuse et honteuse s'enfuit précipitamment.

Betti demande à Germano s'il compte se conduire ainsi lorsqu'ils seront mariés; elle lui déclare d'un air déterminé qu'elle s'en vengerait, qu'elle le poignarderait; tout en gesticulant elle le bourre si rudement, que Germano lui demande pardon à genoux; l'assure que ce n'était qu'une plaisanterie, et lui jure d'être constant et fidèle. Betti se calme, et ils s'expriment mutuellement leur tendresse.

SCÈNE XI.

Choregraphico amène les musiciens que Germano a demandés. En même tems on vient annoncer Monseigneur. Germano fait placer promptement la musique. Betti entre chez Clari. Des domestiques apportent des cadeaux offerts à Clari, et les déposent dans le salon. Le Duc paraît suivi de sa société. Aussitôt la musique commence. Le Duc va chercher Clari; elle arrive parée richement, et de la manière la plus élégante. Chacun lui fait son compliment. Elle remercie des cadeaux qu'on lui a apportés, et elle embrasse les dames. On loue le bon goût de ses ajustemens; les dames surtout en sont en admiration. Tout-à-coup l'orchestre passe à un air très-vif et très en vogue, qui attire l'attention de toutes les jeunes dames; Clari, s'adressant à l'une d'elles, l'invite à exécuter un pas qu'elle lui a vu danser avec tant de grâce, sur ce même air. La jeune dame y consent, et accepte le cavalier qui lui offre la main. Leur danse vive et légère obtient les éloges de la société.

Clari, le Duc et une autre dame dansent à leur tour, un pas noble et gracieux. Tout le monde ensuite prend part à la danse; elle devient générale. Elle se termine lorsque des domestiques, la serviette sur le bras, se présentent à la porte de l'appartement. Chaque cavalier donne la main à une dame, et l'on passe dans la salle du banquet. Betti et Germano se réjouissent de leur prochain mariage, et se retirent.

FIN DU PREMIER ACTE.

ACTE SECOND.

Le Théâtre représente une Galerie du Château, dans laquelle on a préparé un théâtre. Le rideau d'avant-scène est baissé; on le relève pour la répétition. Les décorations ne sont pas encore placées; les garçons de théâtre s'en occupent. Ce théâtre se trouvant de niveau avec la pièce où doivent se trouver les spectateurs, on a placé l'orchestre sur un des côtés.

SCÈNE PREMIÈRE.

Germano arrive; Choregraphico, le chef d'orchestre et le machiniste le suivent; il leur recommande alternativement le plus grand soin dans ce qui tient à leur partie. Chacun d'eux fait ce qui le concerne. Arrivent, peu après, les danseurs en costume pour la répétition; Choregraphico paraît mécontent de ce qu'ils exécutent, et se fâche même contre eux. Après plusieurs essais ils parviennent à une parfaite exécution. Le coiffeur paraît; Choregraphico, occupé de sa répétition, prie Germano de distribuer à chaque danseur ce qui convient à son rôle. Germano emmène en conséquence le coiffeur et les danseurs. La répétition continue. Cependant Betti vient annoncer l'arrivée de la société. Choregraphico suspend sa répétition pour s'assurer si chaque danseur a le costume convenable ; il remarque une grande confusion dans leur costume : le rôle noble a une coiffure de paysan, et celui qui doit représenter un paysan, a une coiffure de noble, ou des turbans ; Choregraphico répare ces inconvenances ; en même tems le chef d'orchestre vient lui demander des conventions ; le machiniste veut savoir s'il peut faire baisser la toile ; sa femme lui présente son costume, et témoigne la crainte qu'il ne soit pas prêt. Betti et Germano pressent Choregraphico, et celui qui dirige la fête vient lui donner l'ordre de se retirer avec tout son monde.

Les spectateurs arrivent et se placent ; le Duc est assis à côté de Clari ; bientôt l'ouverture commence. Un page du Souverain vient remettre une lettre au Duc ; celui-ci après l'avoir lue, annonce à Clari qu'il est obligé de sortir. Elle en paraît désolée. Il lui promet de revenir bientôt. Germano lui donne son chapeau, son épée, et sort avec lui. Clari fait signe à Betti de venir auprès d'elle.

Le titre de la pièce qu'on va représenter est *l'Heureuse Destinée.*

L'HEUREUSE DESTINÉE.

PERSONNAGES.	ACTEURS.
Antonio, Cultivateur, très âgé......	Mr. Mérante.
Sa Femme........................	Mlle. Delille.
Adina, leur Fille..................	Mlle. Brocard.
Un Grand Seigneur, Amoureux d'Adina.	Mr. Coulon.
Un Domestique du Seigneur.........	Mr. Bassin.

Le Théâtre représente une Campagne; à gauche est la maison d'Antonio; en face et un peu plus loin, un petit bois : le fond offre la vue d'une grande route.

Adina, près de la ferme, est occupée à cultiver un rosier; elle distingue deux belles roses, qu'elle se promet d'offrir à son père qu'elle chérit.

Antonio et sa femme sortent de la ferme. Adina leur témoigne son respect et toute sa tendresse; elle cueille les belles roses qu'elle a remarquées, et attache l'une à l'habit de son père, et donne l'autre à sa mère. Antonio en est attendri. Adina recevant les caresses de ses parens, goûte le bonheur de l'innocence et de la vertu.

Clari est émue de ce tableau touchant, qu'elle fait remarquer à Betti.

Antonio se dispose à partir; il fait entendre à sa fille que, malgré ses cheveux blancs, il travaille encore avec plaisir, puisque c'est pour elle, pour sa fille chérie. Elle l'embrasse et le suit, en lui témoignant sa tendresse, jusqu'à ce qu'il ait disparu. Elle revient travailler auprès de sa mère, à la porte de la ferme.

SCÈNE II.

Sur la fin de la scène précédente, on voit paraître au loin un Seigneur, suivi d'un domestique; ce Seigneur est amoureux d'Adina, il a épié le moment où Antonio est sorti, pour tâcher de s'entretenir avec cette jeune fille. La voyant seule, il ordonne à son domestique de s'éloigner un peu, et de l'attendre.

Il se présente à la mère d'Adina, et demande à parler à Antonio. Il paraît contrarié de ne pas le trouver, et exprime qu'il a une affaire très importante à lui communiquer.

La mère d'Adina se décide alors à aller chercher son mari. Le Comte lui en fait ses remercîmens.

SCÈNE III.

Se trouvant seul avec Adina, le Comte se décide à lui déclarer les sentimens qu'il ne lui avait encore exprimés que par ses regards. Adina trouve dans sa vertu des moyens pour résister aux attaques du Comte; elle fait entendre qu'elle n'est que la fille d'un fermier, et qu'elle ne doit pas même se permettre le moindre regard dont le Comte fut l'objet. Celui-ci alors déploie tous les secrets de sa perfidie; il l'assure qu'avec sa beauté et sa jeunesse, elle a le droit de prétendre au rang le plus élevé ; enfin, il se jette à ses pieds, lui promet de devenir son époux, et lui en donne la promesse par écrit. Ce moyen réussit au gré du Duc, et Adina a l'imprudence de lui faire l'aveu des sentimens d'amour que le Comte lui avait inspirés.

Clari s'étonne de la conformité de cette situation, avec ce qui lui est arrivé à elle-même. Elle communique sa pensée à Betti.

Le Comte triomphant et maître d'un cœur sensible, déclare que c'est le lendemain qu'il compte l'épouser. A cette nouvelle, Adina ne peut contenir l'excès de sa joie; son cœur sensible se livre à l'expression du plus tendre amour. Le Comte avec passion la presse contre son sein.

Clari se tourne vers Betti pour cacher le trouble qu'elle éprouve en ce moment. Betti, tendrement émue à la vue de ce tableau, lui répond : Ah! madame que c'est joli!

Mais quelle est la surprise d'Adina, lorsqu'il la prévient qu'il faut qu'elle le suive à l'instant même à son château. Elle réfléchit sur cette proposition ; ses parens occupent sa pensée ; elle veut avant de partir les instruire de ce qu'ils ignorent ; mais le Comte s'y oppose : des motifs relatifs à son rang exigent que leur mariage soit tenu secret, jusqu'à ce qu'il soit effectué. Il promet qu'il viendra ensuite l'annoncer lui-même aux parens d'Adina. Adina, par amour pour le Comte, a pu oublier les sentimens de la vertu, mais ceux de la nature pénètrent encore son cœur. Elle ne peut les trahir au point de s'éloigner de son père et de sa mère, sans leur apprendre, du moins, la cause de sa séparation. Quelles que soient les raisons d'Adina, le Comte les rejette; il lui fait entendre que si elle persiste à vouloir prévenir ses parens, il faut renoncer à leur mariage, et la presse tendrement de le suivre.

Clari, tout en proie à l'illusion, fait signe à Adina de ne pas écouter ce conseil.

Cependant, Adina se révoltant à l'idée d'abandonner ses parens, le Comte feint le plus grand désespoir; ses regards sinistres, semblent annoncer que l'existence n'est plus pour lui qu'un affreux tourment. Il fait de douloureux adieux à Adina, et se dirige vers le bois en portant la main sur la garde de son épée, comme déterminé à s'en percer. Adina, saisie de frayeur, court après lui, se jette à genoux, et le supplie de ne point l'abandonner; mais son ame n'ayant jamais éprouvé de secousse aussi violente, elle perd connaissance.

Clari prend la main de Betti, qu'elle serre fortement, en exprimant : voilà ce qui m'est arrivé.

Le Comte prend une prompte détermination. Aidé d'un de ses domestiques, il transporte Adina dans une voiture qui l'attend à peu de distance. Cette voiture passe devant la ferme. Adina s'avançant tant qu'elle peut par la portière, jette un cri perçant et lamentable. Le Comte, qui la retient, la force de rentrer dans la voiture, qui s'éloigne avec la rapidité de l'éclair.

SCÈNE IV.

Aux cris d'Adina sa mère arrive et la reconnaît, elle veut courir après la voiture, mais les forces lui manquent, elle tombe affaiblie.

Clari fond en larmes ; les dames de sa société ne voulant pas paraître moins sensibles qu'elle, mettent toutes le mouchoir à la main.

Antonio ne tarde point à paraître, et vole aussitôt au secours de sa femme ; elle reprend l'usage de ses sens, et l'instruit de l'enlèvement de sa fille. Antonio saisi d'effroi et au désespoir de ne pouvoir se venger, gémit et répand des pleurs.

Les larmes que répand ce vieillard pénètrent le cœur de Clari ; sa tête s'égare, ce sont ses parens qu'elle croit voir. Tout éperdue, elle s'élance sur la scène, tombe à leurs pieds et perd entièrement connaissance.

(*Interruption de la pièce épisodique, et reprise de l'action principale.*)

SCÈNE V.

Les acteurs sont tout interdits de l'apparition d'un personnage étranger à ce qu'ils représentent.

Les spectateurs, dans la plus grande surprise, se lèvent, et ne peuvent rien comprendre à l'action de Clari. Le Duc, qui était revenu en ce moment, paraît fortement scandalisé de cet esclandre. Il fait transporter Clari chez elle.

(*Le Théâtre change et représente l'Appartement de Clari*).

SCÈNE VI.

Clari a repris ses sens; des dames la soutiennent: la figure pâle, les cheveux épars, elle arrive d'un pas chancelant; et dans le plus grand accablement, elle tombe sur un fauteuil. Le Duc jette son chapeau et son épée avec humeur. Clari se lève pour lui faire des excuses; mais l'air froid et sévère avec lequel il la regarde, lui glace les sens: elle tombe dans son fauteuil. La consternation se répand sur toutes les figures; chacun se retire sans bruit.

SCÈNE VII.

Le Duc, livré à de profondes réflexions, les bras croisés, se promène à grands pas; tandis que Clari fond en larmes.

Clari se lève et suit le Duc, en le suppliant de l'entendre; elle lui demande pardon de l'égarement où l'a jetée la représentation de cette pièce, qui l'a rappelée à ses devoirs. Elle exprime qu'elle *peut braver les coups du sort, mais non pas les regards d'un père ; pour s'exposer à sa colère, non, son cœur n'est pas assez fort.* Les larmes la suffoquent. Elle adresse au ciel son invocation habituelle : *Descends du ciel, doux Hyménée!* Et tombant aux pieds du Duc, elle le supplie avec instance de lui rendre l'honneur, en lui donnant son nom. Le Duc la relève ; et prenant un air composé et important : Avez-vous pu croire qu'un homme de mon rang puisse s'unir à vous ?

Elle répond qu'elle a dû croire à ses sermens. Il lui fait entendre qu'il a pu lui donner son cœur, mais qu'il ne saurait disposer de sa main. Clari lui rappelle la promessse de mariage, par écrit, qu'il lui a faite : *Oui, c'est demain,* etc. En même tems elle la tire de son sein, et la lui met sous les yeux. Le Duc exprime qu'elle n'est point valable. Clari est en quelque sorte anéantie de ce perfide aveu, et la lettre lui échappe des mains. Tout éperdue, elle se précipite sur l'épée qu'elle aperçoit, et va se la plonger dans le sein. Le Duc saisit cette arme, et parvient à la lui arracher des mains. Dans l'excès de son désespoir, elle exprime : *Non, barbare, non, vous ne m'empêcherez point de me donner la mort.* Cruel..... vous qui m'avez rendue l'opprobre de ma famille...... où puis-je me cacher?...... là, (*en montrant la terre comme le seul asile qui puisse la recevoir et terminer ses maux*). Affoiblie par ses tourmens, elle tombe entre les bras de Betti. Le Duc, vivement frappé des reproches de Clari, en paraît consterné. Il s'approche d'elle, et l'assure qu'il l'aimera toujours. Clari, révoltée de cette perfide lâcheté, ne peut plus le voir sans horreur; elle le fuit, et se renferme dans sa chambre.

SCÈNE VIII.

Le Duc, dans la plus vive émotion, envoie Betti annoncer à Clari qu'elle ne doit point désespérer de son hymen, et qu'elle peut compter pour la vie sur le tendre amour qu'il ressent pour elle.

Il regarde Germano et soupire : partagé entre ce que lui prescrit sa naissance et ses sentimens pour Clari, il exprime les cruels tourmens qu'il éprouve; l'une le rend parjure envers celle qu'il adore; les autres l'exposent à l'humiliation. Dans l'impatience et l'inquiétude qu'il éprouve, il va écouter à la porte de Clari.

SCÈNE IX.

Betti revient : elle est toute glorieuse de son succès. Le Duc la presse de s'expliquer. Elle fait entendre qu'elle a trouvé Clari versant d'abord un torrent de larmes, et rejetant toute espèce de consolation; mais en apprenant que son hymen n'était point désespéré, et que M. le Duc promettait de la rendre digne de ses parens, ses pleurs ont cessé; les mains jointes et à genoux, elle en a remercié le ciel.

Le Duc, plein de joie de cet heureux changement, veut aller la trouver. Betti l'arrête et le prévient que Clari étant devenue plus calme, le sommeil s'est emparé d'elle, et lui procure un repos dont elle a grand besoin. Le Duc remet au lendemain le plaisir de la voir; mais il est si content, qu'il témoigne sa joie en pressant Betti et Germano entre ses bras, et leur promet de les rendre heureux. Il se retire avec Germano, en recommandant à Betti de ne point quitter ce salon de toute la nuit.

SCÈNE X.

Betti restée seule exprime sa satisfaction et tout l'attachement qu'elle ressent pour son maître et sa maîtresse; elle sourit aussi aux sentimens que lui inspire Germano. Cependant elle se sent accablée de fatigue, ses paupières s'appesantissent, elle se couche sur un canapé et s'abandonne au repos.

SCÈNE XI.

CLARI paraît, revêtue de son habillement de villageoise, elle s'approche sans bruit; après s'être bien assurée que Betti dort d'un profond sommeil, elle remet tous ses diamans dans l'écrin qu'elle dépose sur la toilette, et y joint une lettre; ensuite elle ouvre doucement une fenêtre, prend deux écharpes qu'elle a préparées, les attache au balcon, et par ce moyen elle s'évade du château.

SCÈNE XII.

GERMANO vient pour tenir compagnie à Betti, qui doit surveiller Clari durant la nuit. Il l'aperçoit sur le canapé, et s'en approche : elle dort; mais elle paraît très-agitée d'un rêve. Germano considère son état, il pense qu'il ferait bien de la réveiller, et pour cela il lui donne un baiser. En effet Betti se réveille, mais en poussant des cris effrayans. Germano les étouffe en lui posant la main sur la bouche, et fait tout ce qu'il peut pour qu'elle le reconnaisse ; mais l'appartement de Clari est ouvert : elle y court précipitamment. Elle en revient pâle et tout éperdue. Germano y entre à son tour. Il en sort promptement, aux exclamations de Betti, qui aperçoit la fenêtre par où Clari s'est évadée. A ce bruit, arrive le Duc, suivi de domestiques qui portent des flambeaux. Germano et Betti, tout tremblans, ne peuvent s'exprimer. Le Duc, agité de crainte, entre chez Clari; il revient tout effrayé, et adresse à Germano et à Betti : *malheureux, où est Clari?* Germano indique la fenêtre qui est ouverte. Le Duc se précipite vers cette fenêtre, aperçoit l'écharpe et ne doute plus de son malheur; c'est alors qu'il ressent de vifs regrets de la perte qu'il vient de faire, et combien Clari était nécessaire à son bonheur. Il s'en prend à Betti et à Germano, qui étaient chargés de veiller sur Clari. Dans son désespoir, il les chasse. Tous deux à genoux, le supplient en vain. Il leur ordonne de sortir de sa présence. Ils obéissent en pleurant, et s'arrêtent à la porte. Cependant le Duc aperçoit la lettre de Clari; ses yeux se remplissent de larmes en la lisant. Il fait approcher ses gens pour leur donner des ordres; mais bientôt il les renvoie. Il ramasse la promesse de mariage, cause de tous ses maux, la joint à la lettre de Clari, et les baigne de ses larmes. En voyant Betti et Germano qui sont restés à la porte, il les rappelle, leur pardonne : il a besoin de leurs services et de leur amitié. Une foule d'idées se présentent à son esprit; l'espoir semble le ranimer; il prend enfin une détermination, et sort suivi de Germano et de Betti.

FIN DU SECOND ACTE.

ACTE TROISIÈME.

Le Théâtre représente une Campagne riante et pittoresque ; les premiers plans offrent l'intérieur d'une ferme : à gauche est la maison, à laquelle tient un grand hangar où l'on voit une charrette chargée de foin. A droite est une petite chaumière entourée d'un bosquet ; un peu plus loin un pigeonnier. Une haie vive ou un mur à hauteur d'appui, sépare cette cour de la campagne ; la grande porte est sur la droite.

SCÈNE PREMIÈRE.

DES travailleurs des champs viennent en dansant chercher leur déjeûner. Simonetta, aidée d'une fille de service de la ferme, le leur distribue ; ils reçoivent leurs portions, et se chargent de celles de leurs camarades. Simonetta prépare ensuite un autre déjeûner pour son mari, qui est allé inspecter les travailleurs. Il ne tarde point à paraître ; selon sa coutume, il est revenu en chassant, et il rapporte quelques perdrix qu'il jette sur la table. Il pose son fusil contre la maison ; et essuie la sueur qui coule de son front. Sa femme le blâme de se fatiguer ainsi à son âge. Simeone exprime que la chasse est le seul exercice qui puisse faire diversion à ses noirs chagrins. Sa femme ne veut pas qu'il déjeûne en dehors, en cet état ; elle le fait rentrer dans la maison.

SCÈNE II.

Matturino arrive ; il vient pour inviter Simeone à assister aux fiançailles de sa fille avec Paolo, le fils du Podestat. Il aperçoit Simonetta qui vient chercher le déjeûner, il lui donne connaissance du motif qui l'amène. Simonetta le prévient que son mari, toujours livré à son chagrin, refusera de se trouver à une pareille cérémonie. Matturino engage la mère Simonetta à se joindre à lui pour tâcher de l'y déterminer. Tous deux, à cet effet, entrent dans la maison.

SCÈNE III.

On voit Clari au loin ; elle approche, et s'arrête à la porte de la ferme : un violent battement de cœur la saisit, elle n'ose entrer dans la cour. Un jeune garçon et une jeune fille arrivent gaîment. Clari craint d'être reconnue ; mais elle est tellement changée, que les jeunes gens passent sans faire attention à elle. Elle se rassure un peu et les appelle. Giuglietta la regarde beaucoup ; Clari les prie de dire à la mère Simonetta, en particulier, que quelqu'un demande à lui parler. Ils s'acquittent avec intelligence de leur commission. La mère de Clari va voir qui la demande ; elle sort de la ferme et disparaît à droite.

SCÈNE IV.

Giuglietta a remarqué que la jeune fille qu'ils ont vue à la porte a l'air bien chagrin. Paolo l'a remarqué aussi ; mais il ne veut s'occuper que de sa chère Giuglietta. Personne ne paraît ; il veut prendre un baiser : elle se défend. Enfin Giuglietta s'étant bien assurée qu'ils ne seront pas vus, le lui accorde : les deux jeunes gens entrent chez Simeone.

SCÈNE V.

Lorsqu'ils sont entrés, la mère Simonetta, pâle et tremblante, regarde si personne ne l'aperçoit ; elle fait signe à sa fille. Clari entre ; elles vont toutes deux dans le bosquet de la petite chaumière. Simonetta fait de vifs reproches à sa fille, qui avoue ne les avoir que trop mérités.

Elle supplie sa mère d'avoir pitié d'elle en faveur de ses remords ; elle lui prend les mains, qu'elle couvre de baisers et de larmes. Simonetta ne peut retenir les siennes. Elle relève sa fille, qui est à ses pieds, en lui exprimant : Malheureuse ! ta mère te pardonne ; mais ton père sera inexorable.

SCÈNE VI.

En ce moment le Podestat, accompagné de villageois et de villageoises, vient prendre en passant Matturino et les deux prétendus.

Simonetta fait cacher Clari dans la chaumière du bosquet, et vient rejoindre le Podestat.

SCÈNE VII.

Une partie des villageois est entrée dans la cour avec le Podestat. D'autres villageois sont restés dans la campagne : tous s'amusent à jouer et à danser en attendant le Podestat.

Matturino, Simeone et les deux jeunes prétendus paraissent. Simeone contemple le tableau touchant des deux jeunes gens, qui caressent leurs pères avec tendresse. Il serre la main de Matturino d'une manière expressive, en le félicitant de son bonheur ; des larmes coulent de ses yeux.

Matturino en paraît vivement touché ; il lui conseille de chasser ses idées sombres, et de venir avec eux se dissiper. Il se refuse à cette invitation ; le bonheur de son ami le satisfait, mais il lui fait ressentir encore plus vivement l'amertume de ses peines. Matturino et le Podestat respectent sa douleur, et se retirent avec tous les villageois, qui les suivent en dansant.

SCÈNE VIII.

SIMEONE s'assied près d'une table, et s'abandonne à ses tristes réflexions. Sa femme est vivement émue, elle tremble de lui annoncer l'arrivée de Clari. Clari, dans une cruelle anxiété, sort de la chaumière. A travers les arbustes du bosquet elle regarde sa mère et la supplie de parler pour elle. Au moment où Simonetta, à cet effet, aborde son mari, il se lève tout-à-coup dans l'intention de sortir pour se distraire. Simonetta voyant qu'il s'essuie les yeux, saisit cet instant d'attendrissement, le rappelle, veut lui communiquer quelque chose. Elle le presse entre ses bras, elle veut partager son affliction : elle exprime qu'il ne faut jamais désespérer de la Providence. Rien ne peut le persuader ; il témoigne de l'impatience, et se lève pour s'en aller, lorsque Clari vient se jetter à ses pieds. Saisi d'indignation et d'horreur, Simeone de ses deux mains se couvre la figure. Il lance des regards de colère sur sa femme qui l'a trompé, et s'adressant à Clari : Malheureuse, oses-tu te présenter devant ton père que tu as déshonoré! Monstre, fuis mon juste courroux! Clari tout en larme le supplie de vouloir bien l'entendre ; sa mère y joint ses prières. Simeone, inexorable, la chasse, en lui prescrivant de ne jamais reparaître dans le village. Simonetta lui exprime : Que veux-tu que cette malheureuse devienne? Il lui jette une bourse, et lui ordonne de partir sur-le-champ. Il veut rentrer ; sa femme le retient et le presse de l'amitié la plus tendre. Ses larmes et le pardon que Clari demande avec instance, ne font qu'irriter Simeone, qui, tout tremblant de colère, prend Clari par le bras, la conduit à la porte de la ferme, et lui signifie de ne jamais reparaître devant lui. Clari, d'un air sinistre, semble faire son dernier adieu à ses parens, et sort dans le plus grand désespoir. Simonetta tout en larmes, allant de l'un à l'autre, fait signe à sa fille de ne point s'éloigner. Elle supplie son mari, qui n'a égard ni à ses prières ni à ses larmes.

SCÈNE IX.

Le Duc arrive avec les chefs de famille du village qu'il a rassemblés. Il a rencontré Clari et la ramène à la ferme. Simeone, à la vue du suborneur de sa fille, révolté de son audace, n'écoutant que la vengeance, saisit son fusil : on s'oppose à sa fureur. Clari se jette devant le Duc, pour le garantir. Le Duc la prend et la remet évanouie entre les bras de sa mère, fortement frappée de cette scène ; il veut s'expliquer. Simeone, dans sa colère, sans vouloir l'écouter, lui adresse : *Cruel, vous qui m'avez ravi ma fille et l'honneur, que venez-vous me ravir encore ? mes propriétés ? je vous les abandonne*, et sort précipitamment de la ferme. Tout le monde court après lui ; on le ramène, ou plutôt on l'entraîne malgré lui pour le faire rentrer. Affaibli par de si violentes secousses, Matturino le fait asseoir. Sa femme et Clari volent à son secours ; il repousse Clari, qui s'éloigne en versant un torrent de larmes. Betti et Germano amènent le notaire du lieu. Simeone, la tête appuyée dans ses deux mains, répand des pleurs. Le Duc, pénétré de remords à la vue de ce tableau déchirant, s'accuse d'être l'auteur des malheurs de cette famille ; il lève les mains vers le ciel, et se détermine, comme par inspiration, à remplir les devoirs que l'honneur et la probité prescrivent. En s'adressant à Simeone, il exprime : *Respectable vieillard, je suis l'auteur de tous vos maux, je viens les réparer;* votre fille n'est point aussi coupable que vous le pensez ; je lui avais fait serment de l'épouser : en même tems il lui donne à lire la promesse de mariage. Simeone peut à peine en croire ses yeux. Le Duc prend le contrat des mains du notaire, le présente à Simeone qui le signe, puis relève sa fille, la presse contre son sein, en exprimant : *Tu m'as rendu l'honneur; tu es encore digne de ton père.* Elle reçoit les caresses de sa mère, tandis que Simeone, touché de l'action du Duc, s'excuse de l'avoir si mal jugé. Le Duc lui tend les bras ; Simeone conduit sa fille dans ceux de son époux. Le Duc ajoute à ses bienfaits en se chargeant de la dot de Paolo et de Giuglietta. Clari unit Germano à Betti. Tous les chefs de famille témoignent au Duc leur reconnaissance et leur admiration, en invoquant le ciel en sa faveur et pour sa félicité. Le Duc fait asseoir Simeone à côté de lui, et invite tout le monde à se livrer à la joie. Une fête villageoise termine le ballet.

FIN DU TROISIÈME ET DERNIER ACTE.

IMPRIMERIE DE DONDEY-DUPRÉ,
Rue St.-Louis, N°. 46, au Marais, et rue Neuve St.-Marc, N°. 10.

www.ingramcontent.com/pod-product-compliance
Ingram Content Group UK Ltd.
Pitfield, Milton Keynes, MK11 3LW, UK
UKHW021959260726
13994UKWH00004B/1854